BEI GRIN MACHT SICH IHR WISSEN BEZAHLT

Sportmarketing. SWOT-Analyse des Fußballligisten TSG Hoffenheim 1899

Furkan Kaplan

Bibliografische Information der Deutschen Nationalbibliothek:

Die Deutsche Nationalbibliothek verzeichnet diese Publikation in der Deutschen Nationalbibliografie; detaillierte bibliografische Daten sind im Internet über http://dnb.d-nb.de abrufbar.

ISBN: 9783346844996
Dieses Buch ist auch als E-Book erhältlich.

Druck und Bindung: Books on Demand GmbH, Norderstedt Germany
Gedruckt auf säurefreiem Papier aus verantwortungsvollen Quellen

Das vorliegende Werk wurde sorgfältig erarbeitet. Dennoch übernehmen Autoren und Verlag für die Richtigkeit von Angaben, Hinweisen, Links und Ratschlägen sowie eventuelle Druckfehler keine Haftung.

Das Buch bei GRIN: https://www.grin.com/document/1340549

Deutsche Hochschule für
Prävention und Gesundheitsmanagement
Hermann-Neuberger-Sportschule 3
66123 Saarbrücken

Hausarbeit

Name, Vorname	Kaplan, Furkan
Studiengang	Sportökonomie
Studienmodul	Sportmarketing
Datum Präsenzphase (siehe Ergebnisdokumentation)	07.03-09.03.2022
Aufgabe	**SWOT-Analyse, Merchandising, Digitalisierung und Sponsoring**

Inhaltsverzeichnis

1 SWOT – Analyse

Die folgende SWOT – Analyse bezieht sich auf den Fußballbundesligisten TSG Hoffenheim 1899. Dabei lässt sich die Analyse in zwei systeminterne Faktoren unterteilen: Stärken und Schwächen sowie Chancen und Risiken des Vereins (Weber 2016, S.149).

Während der Analyse wird allerdings der Fußball in den Vordergrund gestellt, der das Hauptgerüst des Vereins darstellt, denn neben dem Fußball sind auch Randsportarten wie Turnen und Leichtathletik im Verein vertreten.

Zum Zeitpunkt der Analyse befindet sich die TSG auf dem sechsten Platz der ersten Fußballbundesliga und schied vor einigen Wochen in der Europa-League als eines der letzten 32 Mannschaften aus. Der Verein, der 1899 gegründet wurde, weist über 10443 Vereinsmitglieder auf von denen 6500 Mitglieder im Fanclub des Fußballs vertreten sind (Statista, 2022)

1.1 Stärken-Schwächen – Analyse

Die bekanntlich größte Stärke der TSG Hoffenheim ist die Jugendarbeit, die bereits von der U12 an beginnt. Über drei verschiedene hochmoderne Leistungs- sowie Trainingszentren an denen verschiedene Altersklassen trainieren können sind vorhanden. Mehrmals wurde die sogenannte TSG Akademie als Nachwuchszentrum Deutschlands gekürt, die sich aufgrund von Ausstattung, Innovation sowie Erfolge kennzeichnen lässt. Drei Jahre hintereinander konnten sich die daraus resultierenden Talente bis ins Finale der U19 Jugendbundesliga erkämpfen und den Pokal nach Hause bringen (Schmeckel, 2016).

Auf der anderen Seite wird dies deutlich, wenn bekannte Fußballer den Verein für größere Summen verlassen, wo die Grundbausteine bereits an der TSG gelegt worden sind. Beispiele sind hierfür Niklas Süle, der über Jahre in Hoffenheim an der Akademie trainiert hat und momentan beim Rekordmeister Bayern München spielt. Ähnlich ging sein jetziger Trainer Julian Nagelsmann den Weg, der als Jugendspieler in Hoffenheim auf Balljagd ging und aufgrund einer Verletzung seine Karriere beenden musste. Allerdings ist er momentan einer der jüngsten, talentiertesten und gleichzeitig erfahrensten Trainer in der Bundesliga. Des Weiteren ist die innovative Vielfältigkeit im Verein erkennbar. Innerhalb der Trainingseinheiten, sei es an der Akademie oder bei den Profis wird beispielsweise mit dem sogenannten „Footbonaut" trainiert, den neben den Hoffenheimern nur der BVB besitzt (Lowin, 2017). Ein weiterer Meilenstein für den Verein ist der „Interactive Data Space", welcher Leistungsdaten der Spieler analysiert, speichert und bewertet (Romano

2019). Mithilfe dieser Daten lässt sich ein optimales Individual- sowie Mannschaftstraining herstellen.

Eines der Schwächen des Vereins ist die Bekanntheit sowie das Image des Vereins. Obwohl in den letzten Jahren auf Europäischer Ebene gespielt wurde, ist der Verein noch unbekannt. Neben den größeren Vereinen in Deutschland wie FC Bayern München oder Borussia Dortmund bleibt der TSG Hoffenheim hingegen unbekannt. Dadurch entstehen im Verein aufgrund von fehlenden TV-Geldern oder weniger Verkauf von Merchandise Artikeln finanzielle Engpässe. Mithilfe der Statistiken lässt sich zeigen, dass nur ein Teil der Bevölkerung den Verein Hoffenheim kennt und diesen in Verbindung mit dem Fußball bringt. Grund dafür könnte das schlechte Image des Vereins sein. Im Vergleich zu anderen Bundesligisten wie Schalke, Bayern oder Dortmund, wo bereits Erfolge gefeiert wurden. Auf der anderen Seite vertreten diese Vereine eine Tradition und werden somit als Traditionsvereine betitelt. Dadurch, dass die TSG erst 2008 den Sprung in die Bundesliga schaffte, weil der Großinvestor Dietmar Hopp den Verein Finanziell gefördert hat, haben viele Vorurteile bezüglich der TSG und können keine Sympathie aufbauen. Diese negativen Vorurteile gegen den Verein werden nicht nur von Einzelfangruppen getätigt, sondern auch von Bundesligakonkurrenten, die solche Äußerungen wie „Plastikclub" öffentlich machten (Eder, 2013). Solche Äußerungen sorgten nicht nur innerhalb des Vereins für Unruhe, sondern kostete auch das eher schlechte Image des Vereins.

Auch zu erkennen ist, dass über die Jahre die Anzahl der Vereinsmitglieder weniger wurden. Grund dafür könnte die Corona Pandemie sein, wodurch die Verbindung zum Verein weniger wurde. Auch die PreZero Arena mit 25343 Plätzen ist eines der kleinsten Stadien in der Bundesliga, welches als Schwäche gekennzeichnet werden kann. Dies kann dafür sorgen, dass die Fangemeinde dementsprechend gering bleibt und keine Sympathien zum Verein aufgebaut wird (Riedmüller, 2011, S.213).

1.2 Chancen – Risiken – Analyse

Aufgrund der momentanen Platzierung in der Ligatabelle ist der Einzug in die Europa-League gefährdet. Auch wenn mit dieser Platzierung eine Qualifikation gespielt werden muss, sollte hierbei noch erwähnt werden, dass die Liga noch anhält und somit die Teilnahme auf Europäischer Ebene noch nicht gesichert ist. Bei nicht Teilnahme könnte dies bedeuten, dass Spiele gegen bekanntere Mannschaften nicht stattfinden können und somit die Bekanntheit der TSG nicht gewährleistet wird. Auf der anderen Seite sind es die TV-

Gelder die fehlen würden, die wichtigen Bestandteil der Einnahmen im Verein ausmachen. Eine große Chance, aber auch gleichzeitig ein großes Risiko sind die heranwachsenden Talente und die allgemeine Talentförderung an der Akademie. Auf der einen Seite könnte das Transferbudget geschmälert werden, die durch Einkäufe anderer Spiele entstehen. Gleichzeitig können durch die Einnahmen noch mehr in die Jugendarbeit investiert werden, die dann wiederum Jugendtalente anderer Vereine zur TSG anlocken, die aufgrund ihrer Jugendarbeit für Stellenwert sorgen. Letztendlich dürfe man nicht vergessen, dass über die Jahre die Gehälter immer steigen und bereits im Jugendbereich große Summen verdient werden, die mit Verkäufen anderer Spieler, TV-Geldern oder Merchandising generiert werden müssen. Beispiel hierfür ist wieder Niklas Süle, das Eigengewächs der TSG, der den FC Bayern 20 Millionen € kostete.

Nicht nur Jugendspieler sind hierbei betroffen, sondern auch bekanntere Spieler, wo es schwer fällt diese über die Jahre aufgrund von lukrativeren Angeboten zu halten. Ein großes Risiko für einen Verein ist es hierbe zu wissen, dass die Gelder nicht reichen, um mit den besseren Spielern auf Europäischer Ebene zu spielen und für Bekanntheit zu sorgen. Roberto Firmino ein Beispiel hierfür, der vom FC Liverpool für 41 Millionen € erworben wurde, war hierbei große Werbung für die TSG (Gödecke, 2015).

Ein weiteres Risiko bezogen auf die Vereinsmitglieder sowie die Fans ist die benachbarte Konkurrenz. Der VfB Stuttgart, der momentan um den Abstieg kämpft ist Aufgrund seiner Mitglieder, Fans sowie Tradition schon immer eine Konkurrenz für die Hoffenheimer gewesen. Sobald es bei den Stuttgartern fußballerisch besser laufen sollte und ein gewisser Umschwung gewährleistet wird, könnte das Risiko bestehen, dass die Stuttgarter in Sachen Mitglieder sowie Bekanntheit aufgrund der Tradition zur Konkurrenz werden könnte. Sponsoren sowie größere Partner könnten abspringen und sich für den Ortsrivalen Stuttgart entscheiden, der aufgrund von größerer Fangemeinde und größerem Stadion einen größeren Einfluss auf den Fußball hat. Dies könnte dazu führen, dass ein Verlust von Fans und Mitgliedern hervorgerufen wird. Maßnahmen hierfür könnten im B2B-Bereich erzielt werden, die mithilfe von Kontakten in der Region geknüpft werden, denn je höher die Reichweite und die Bekanntheit des Vereins, desto lukrativer wird für einen Partner die Kooperation (Riedmüller, 2011, S.213).

1.3 SWOT – Matrix

Tab.1 SWOT – Matrix TSG Hoffenheim 1899 (modifiziert nach Meffert, 2000)

		EXTERNE ANALYSE	
SWOT - ANALYSE		**Chancen (Opportunities)** -nationaler Erfolg → mehr Bekanntheit für den Verein -Erhalt von Führungsspielern → mehr Erfolge international	**Risiken (Threats)** -Abgang von Spielern → sinkendes Niveau - Verlust von Mitgliedern → sinkendes Image
I N T E R N E	**Stärken (Strenghts)** -Jugendarbeit -sportlicher Er-folg -Innovationen	**S-O-Strategie:** -langfristige Bindung von bestehen-den Partnern -Image des Vereins pflegen -Marke „Hoffe" bekannter gestalten	**S-T- Strategie:** -Nachwuchsarbeit stetig verbessern und neue Ta-lente zum Verein bringen -frühzeitig Jugendspieler binden und halten
A N A L Y S E	**Schwächen (Weaknesses)** -kleines Stadion -sinkende Mit-gliederzahlen -schlechtes Image	**W-O-Strategien:** -Image verbessern und dadurch neue Mitglieder gewinnen -mit sportlichem Erfolg werben und dadurch für Bekanntheit sorgen	**W-T-Strategien:** -Stadion und VIP-Bereich ausbauen, modernisieren -Unterstützung von Star-tups, um kleinere Partner zu binden

S-O-Strategie:

Bereits bestehende Partner sollen aufgrund der Teilnahme auf europäischer Ebene gehal-ten und gleichzeitig neue Sponsoren sowie Partner generiert werden. Gleichzeitig wird durch die Teilnahme an europäischen Wettbewerben sowie die Platzierung in der Bun-desliga dafür gesorgt, dass potenzielle Führungsspieler im Kader langfristig gehalten wer-den, um die Bekanntheit sowie das Image des Vereins zu pflegen.

Im Zuge der S-O Strategie soll demnach versucht werden, durch den sportlichen Erfolg für höhere Medienpräsenz zu sorgen, um die Marke „Hoffe" bekannter zu gestalten.

S-T- Strategie:

Aufgrund der Nachwuchsarbeit ist es möglich Eigengewächse sowie junge Talente für eine höhere Ablöse zu verkaufen. Vor allem Vereine aus dem Ausland sind dafür bekannt für Jugendspieler mehr zu investieren als für bereits ältere Spieler. Mit den daraus entstehenden Ablösen wird es möglich sein noch mehr finanzielle Unterstützung in die Nachwuchsarbeit zu stecken und möglicherweise Mitarbeiter zu befördern, die im Bereich Scouting tätig sind und talentierte Spieler zum Verein bringen.

Ein wichtiger Schritt wäre hierbei als Verein zu zeigen, dass besonders die Jugendarbeit an der Akademie von Bedeutung ist, um deutschlandweit die Talente zur TSG zu bringen.

W-O-Strategie:

Die geringen Mitgliederzahlen sollen mithilfe der W-O-Strategie gesteigert werden, die einen wichtigen Bestandteil des Vereins ausmachen. Durch die Steigerung wird gleichzeitig auch das Image des Vereins positiver ausfallen und somit kann mehr Sympathie zur TSG aufgebaut werden. Wohltätigkeitsorganisationen, Spenden oder auch besondere Familientage könnten organisiert werden, um die Verbindung zum Umfeld aufzubauen. Grade zur Pandemie Zeit ist es von Bedeutung die bestehenden Mitglieder besonders anzusprechen, da es nicht jedem möglich ist Spiele des Vereins aus gesundheitlichen Gründen anzuschauen. Aufgrund solcher Tätigkeiten wird es möglich neue Kontakte im B2B Bereich zu knüpfen und das Image auszubauen.

W-T-Strategie:

Im Vordergrund wird bei dieser Strategie die Konkurrenz sowie das Stadion stehen. Aufgrund der geringen Auslastung durch zu wenig Sitzplätze im Stadion, könnte es dazu kommen, dass die Konkurrenz mehr Sympathie und Zuwachs erhält. Die TSG sollte über die Jahre das Stadion ausbauen und innovativer gestalten. Die Modernisierung sowie eine Besserung des VIP-Bereichs könnten grundlegende Vorteile erzeugen, um neue Partner sowie Sponsoren im B2B Bereich zum Verein zu bringen.

Des Weiteren wäre eine Unterstützung von kleineren Start-Ups eine Möglichkeit, da diese stetig von Investoren abhängig sind. Sofern diese zum Verein passen, wäre es sicherlich denkbar eine langfristige Kooperation zwischen Verein und Firma zu erhalten, die die gleiche Aufstiegs- sowie Entwicklungsmöglichkeit vorweisen, wie die TSG selbst.

2 Merchandising und Licensing

2.1 Wer

Für die geplante Merchandisingaktion wird das Geschäftsmodell der Auslagerung betrieblicher Teilfunktionen gewählt. Innerhalb des Vereins gab es mehrheitliche Stimmen für dieses Modell aufgrund der letzten Erfahrungen, die sich dem Verein aneigneten. Zu viele interne Fehler und fehlende Qualität der Artikel sorgten bei den Käufern für Unzufriedenheit. Außerdem wurden die auserwählten Produkte zu teuer angeboten, sodass die Nachfrage umso geringer war. Aufgrund dieser Erfahrungen wird ein Drittanbieter beauftragt, der sich mit dieser Thematik auskennt und Berufsbekleidung sowie Sportartikel seit mehreren Jahren herstellt. Das Unternehmen soll die Produktion und den Versand der Produkte übernehmen. Der Verein hingegen wird sich um das Design, das Sortiment, die Vermarktung sowie um den Verkauf in den Fanshops kümmern.

2.2 Was

Tab. 2 Merchandisingsortiment (eigene Darstellung)

Artikel	Architektur	Produktbezug	Planungsbezug
Jubiläums - Volleyball	Für Sportler und Fans zum Ausstellen	Primärer Bezug zum Spiel Ball mit Vereinslogo, große „30" als Aufschrift	Limitierte Auflage (innerhalb der Saison)
Jubiläums – Cap	Für die Sport - AGs geeignet oder Freizeit	Primärer Bezug zum Spiel 30 auf der Vorderseite	Limitierte Auflage (innerhalb der Saison)
Jubiläums – T-Shirt	Kann im Alltag angezogen werden Für Mitarbeiter oder Fans geeignet	Primärer Bezug zum Spiel Vereinslogo auf der Brust sowie 30 auf dem Rücken Vereinsfarben	Limitierte Auflage (innerhalb der Saison)

Jubiläums – Handtuch	Für die Freizeit oder Sport nutzbar	Mit Vereinslogo versehen und große 30	Limitierte Auflage (innerhalb der Saison)
Jubiläums - Handy-hülle	Für Fans, Mitarbeiter und Mitglieder geeignet	Für verschiedene Handymodelle In Vereinsfarben	Limitierte Auflage (innerhalb der Saison)
Jubiläums - Armband	Kann an Spieltagen angezogen werden	Armband in den Vereinsfarben	Limitierte Auflage (innerhalb der Saison)

2.3 Wem

Die Zielgruppe des Vereins ist relativ breit gefächert. Aufgrund der insgesamt acht Mannschaften, die am Spielbetrieb im Breiten- sowie Leistungssport teilnehmen, wird deutlich, dass die Zielgruppe im Verein von jung bis alt im Verein vertreten sind. Durch die höhere Ligabesetzung von zwei Mannschaften kann man von höheren Zuschauerzahlen bei Spieltagen ausgehen. Daher eignen sich die Zuschauer optimal als Zielgruppe, die die Mannschaften tatkräftig unterstützen. Des Weiteren sind interne Mitglieder wie Sponsoren, Partner, Mitarbeiter und Sympathisanten des Vereins als Zielgruppe bekannt (Benz, 2010, S.15).

2.4 Bedingungen

Tab.3 Preisliste (eigene Darstellung)

Artikel	Volleyball	Cap	Handtuch	Handy-hülle	Shirt	Armband
Verkaufs-preis	24,90€	19,90€	29,90€	14,90€	19,90€	9,90€
Verkaufs-preis ermä-ßigt	21,90€	16,90€	26,90€	11,90€	16,90€	6,90€

In Verbindung zu den Preisen und Konditionen haben sich der Verein und der Drittanbieter für die Marktpreisstrategie geeinigt. Die Preisabweichungen sollen nach einigen Wochen nicht zu sehr abweichen und können somit einfacher reguliert und dem Markt angepasst werden (Rohlmann, 2011, S.254). Mithilfe dieser Strategie wird es möglich sein, den Break Event Point zu erreichen und demnach die Preise nochmal zu überarbeiten. Ermäßigte (Studenten, Schüler, Behinderte, Rentner) sollen für jeden Artikel 3€ Nachlass erhalten.

2.5 Kanäle

Die Vermarktung sowie der Verkauf soll über den Volleyballverein laufen. An Spieltagen, bei Vereinsfesten, im Verein Shop und an Turnieren sollen kleine Stände mit den Artikeln angeboten werden. Auf der anderen Seite soll sich der Drittanbieter um die Onlineverkäufe kümmern und diese versenden. Somit hat man eine klare Abgrenzung von Verkäufen im Internet sowie Verkäufe innerhalb des Vereins. Außerdem soll der Drittanbieter die produzierten Artikel im Unternehmen zum Verkauf anbieten, um gleichzeitig Verkäufe an die Partner des Drittanbieters zu erzielen.

2.6 Begleitmaßnahmen

Die grundlegende Idee des Vereins ist das anstehende Jubiläum in den Vordergrund zu setzen. Über die bereits bestehenden Partner soll das 30-jährige Jubiläum groß aufgezogen werden, sodass eine Verbindung zu den Artikeln hergestellt wird. Ohne Bindung zum Verein oder das Vorwissen für die bevorstehenden Aktionen wäre der Verkauf der Artikel umso schwieriger (Riedmüller, 2011, S.213). Des Weiteren sollen über die Wochen Interviews mit der Geschäftsstelle, mit dem Vorstand sowie den ehrenamtlichen Mitarbeitern geführt und diese publiziert werden, um als außenstehender eine gewisse Sympathie zum Verein aufzubauen. Als weiterer Schritt wurde die Nutzung von Sozialen Netzwerken gewählt, die ein wichtiges Standbein in der heutigen Zeit ausmacht. Spieler, die in der höheren Liga spielen, können auf ihren Kanälen auf die kommende Aktion aufmerksam machen und für die bevorstehenden Artikel werben. Durch solche Aktionen könnte man die gezielten Zielgruppen erreichen.

2.7 Zeitraum

Bereits drei Wochen vor Veröffentlichung der Artikel soll mit den Produkten geworben werden. Die Zielgruppen sollen hierbei alle gezielt angesprochen werden, sodass das Neugierde der Käufer steigt. Da es sich um ein Jubiläumsjahr handelt werden die Artikel bereits am 1. Spieltag zum Verkauf angeboten und können bis Saisonende erworben werden. Gezielt soll beim Verkauf und beim Werben der Artikel erwähnt werden, dass es sich hierbei um limitierte Artikel handelt, die nicht nachproduziert werden. Allerdings ist auch bekannt, dass eine Planung sowie Produktion ein halbes Jahr vor Veröffentlichung stattfinden sollte, um rechtzeitig alle Schritte organisieren zu können (Riedmüller, 2011, S.215).

3 Digitalisierung

3.1 Vorstellung des Vereins

Tab. 4 Vereinsübersicht (eigene Darstellung)

Vereinsangebot	Basketball, Tanzen, Turnen, Schwimmen
Mitgliederzahl	1649
Anzahl bezahlter Mitarbeiter	17
Anzahl ehrenamtlicher Mitarbeiter	83

3.2 Zielgruppen und Marketingziele

Tab. 5 Darstellung der Zielgruppen und Marketingziele (eigene Darstellung)

Zielgruppe	Marketingziel
Intern Vereinsmitglieder	-Vereinsloyalität fördern, steigern -Identifikation mit dem Verein ausbauen -Weiterempfehlung durch bestehende Mitglieder
Extern Sportinteressierte Ehemalige Vereinsmitglieder Fans	-mehr Verkauf von Merchandise und Tickets bei besonderen Ereignissen -Rückgewinnung der Ehemaligen -Neumitglieder generieren

3.3 Inhalt der App

Tab. 6 Funktionen der App (eigene Darstellung)

Themen	Mehrwert für den Kunden	Mehrwert für den User
Aktuelle Vereinsinformationen und Newsletter	-Kosteneinsparung durch weniger Ausgaben für Werbemittel -höhere Reichweite	-Erhalt von Informationen zu besonderen Ereignissen -User ist auf dem aktuellsten Stand
Ticketverkauf	-Kosteneinsparung durch weniger Ausgaben für Papier -mehr Verkäufe durch Rabatte und Aktionen über die App -Übersicht von Verkäufen leichter einzusehen	-kein Kauf über den Fanshop nötig -Platzreservierung im Voraus möglich -Kostenerstattung bei Stornierung (innerhalb 8 Std.)
Fanshop	-bei Derbyspielen Vermarktung von besonderen Artikeln möglich -Gewinnspiele (Gewinn von Artikeln)	-kostenlose Nutzung -keine Wartezeiten am Shop -Einsicht über Rezensionen -Sendungsverfolgung
Blog	-Loyalität zum Verein wird ausgebaut -Einsicht über das Wohlbefinden der Mitglieder sowie Fans -klare Strukturierung von Ereignissen -Zusammenhalt der Mitglieder wird erhöht	-Kommentarfunktion über Ergebnisse -Fotos, Videos und Erfahrungen können geteilt werden -Austausch von Gefühlen und Erfahrungen -mehr Bindung zum Verein -Sammlung über mehrere Saisons möglich

3.4 Chancen und Risiken

Chancen:

Mithilfe des Newsletters wird es möglich sein als User immer auf dem aktuellen Stand zu sein. Dies könnte dazu führen, dass die Verbindung zum Verein aufgebaut wird und das Image des Vereins gepflegt wird. Außerdem bekommt der Nutzer ein Gefühl dafür, dass sich der Verein um Innovationen und Erweiterungen von Ideen bemüht ist und sich weiterentwickelt. Eine weitere Chance ist das Binden von neuen Partnern, die mithilfe der App veröffentlicht werden können.

Durch den Blog wird eine stärkere Bindung unter den Nutzern aufgebaut, die durch den Austausch von Bildern, Kommentaren und Videos verursacht wird. Letzteres wird es dem Kunden gelingen durch den Verkauf von Tickets und Merchandising über die App mehr Einnahmen zu generieren und eine umfangreiche Übersicht über die Verkäufe zu erhalten.

Risiken:

Ein großes Risiko könnte die Gestaltung und die Pflege der App darstellen. Aufgrund der vielen Möglichkeiten sollte ein Social Media Creator eingestellt werden, der sich um die Pflege der App kümmert. Dieser müsste entweder entlohnt werden oder im besten Falle diese Tätigkeiten ehrenamtlich erledigen. Täglich müssten die Ticketverkäufe, Verkäufe der Artikel sowie das Pflegen des Blogs betrachtet werden, um negative Resonanzen der User entgegenzuwirken. Auf der anderen Seite könnte es durch Datenschutzrichtlinien dazu kommen, dass nicht jeder User damit einverstanden ist, dass Fotos oder auch Videos von sich im Blog auftauchen und diese weitergenutzt werden. Auch könnte es dazu kommen, dass im Blog Beleidigungen jeglicher Art vorkommen, die für Unruhe im Verein verursachen könnten. Aufgabe des Kunden wäre es hier, diese schnellstmöglich zu löschen.

3.5 Erhöhung von Bekanntheitsgrad

Noch vor Veröffentlichung der App sollte dafür gesorgt werden, dass die App bekannt gemacht wird. Dies könnte auf den sozialen Netzwerken des Vereins passieren. Auf der Homepage, Instagram sowie in der Zeitung könnte das Logo der App veröffentlicht werden. Schritt für Schritt können Eigenschaften der App bekannt gemacht werden, um die Neugierde des Users zu wecken. Des Weiteren könnte man sich bereits auf einer Seite mit einer E-Mail eintragen, um schnellstmöglich von der Veröffentlichung der App zu erfahren und gleichzeitig unter den ersten 100 Nutzern an einem Gewinnspiel teilnehmen zu können. Durch Weiterempfehlung der App könnte man somit Prozente erhalten, die man im Fanshop oder beim Kauf von Tickets einlösen kann. Dadurch könnte der Verkauf von Tickets sowie die Nutzung der App steigen.

Des Weiteren sollen sich auf den Bannern, auf den Tickets sowie auf den Sitzplätzen QR-Codes befinden, die sofortigen Zugriff auf das Herunterladen der App gewährleisten. Besonders bei Ausverkauften Spielen wird dies ein wichtiger Schritt sein, um möglichst viele User zu erreichen. Die bestehenden Partner sollen von der App informiert werden und können in ihren Betrieben den vorhandenen QR-Code in ihrer Mensa oder in den Umkleidekabinen versehen, um dort die Arbeitnehmer von der App zu informieren.

An Mitgliederversammlungen soll vor allem die App nochmal vorgestellt werden. Hierbei sollen auf die Vorteile sowie die Nutzung der App eingegangen werden, um die Nutzung möglichst einfach zu gestalten. An solchen Versammlungen können tagesabhängige Aktionen veranstaltet werden, die nur mithilfe der App zugänglich sind. Durch eine Teilnahme an einem Glücksrad über die App können die Mitglieder einen Artikel oder ein unterschriebenes Trikot erhalten. Somit würde der Bekanntheitsgrad sowie die Nutzung der App steigen.

4 Sponsoring

Der Startup „RunTab", welches während der Corona Pandemie ins Leben gerufen wurde, stellt Tabs her, ähnlich wie die bekannten Spülmaschinentabs, die allerdings in Verbindung zum Wasser getrunken werden. Das Runtab ermöglicht dem Sportler, Läufer oder Leistungssportler während einer Einheit das schnellere Aufladen der Kraftreserven und fördert gleichzeitig eine schnellere sowie effizientere Regeneration. Der Startup, welches von zwei jungen Medizinstudenten gegründet wurde, die selbst Langläufer sind, hatten immer damit zu kämpfen nach einer langen Einheit die nötige Regeneration zu erhalten. Teure Eiskammern, Massagepistolen oder auch selbstgebaute Eistonnen wären als Student unbezahlbar gewesen, was der Grund dafür war diesen Startup zu gründen. Basierend auf medizinisch geprüften Zusatzstoffen sowie Inhalte, die der menschliche Körper

während sowie nach einer Einheit benötigt wurden in Form eines Tabs als Produkt hergestellt. Die Tabs können hierbei in verschiedenen Geschmäckern und verschiedenen Pa-
ketgrößen bestellt werden.

Die Zielgruppe des Unternehmens sind Leistungssportler, Langläufer aber auch möglicherweise Soldaten bei der Bundeswehr oder Rettungsassistenten, die nach langen Einhei-
ten eine schnelle Regeneration benötigen. Primär bezieht sich die Zielgruppe auf Sportler
im Alter von 15-40 Jahren. Mithilfe verschiedener Studien sowie Proben wurde festge-
stellt, dass im zu frühen oder späten Alter die Tabs weniger Wirkung haben und dadurch
die Regeneration nicht mehr gewährleistet wird.

Der Verkauf soll über verschiedene Kanäle ablaufen. Grundsätzlich wird das Produkt als
Direktversand in Form von Onlineverkauf angeboten, um kosten wie Miete oder Ange-
stellte zu sparen. Für den direkten und deutschlandweiten Verkauf ist ein Handelsvertreter
angestellt, der sich rund um den Verkauf kümmert. Einkäufe aus dem Ausland werden
dementsprechend auch vom Eigenbetrieb verpackt und verschickt. Des Weiteren wird das
Produkt in Regalen von Supplements Läden stehen, die neben Eiweißpulver und Creatin
auch die Tabs anbieten können. Ziel ist es hierbei unter anderem auch Bodybuilder und
Sportler zu erreichen, die auf die Bühne gehen und diesen Sport als Leistungssport ausü-
ben.

Über verschiedene Kanäle wird das Produkt vermarktet. Im Vordergrund stehen hierbei
Influencer, die sich mit dem Produkt bereits vertraut gemacht haben. Auf den sozialen
Netzwerken wie Instagram, Facebook sowie Snapchat berichten die Influencer regelmä-
ßig Erfahrungen bezügliches des Tabs.

Von Bedeutung ist hier vor allem auch das Schalten von Cookies sowie Add's, die auf
verschiedenen Plattformen geschaltet werden.

Regelmäßig werden Interviews von den Gründern durchgeführt, um nicht nur in sozialen
Netzwerken vertreten zu sein. Dies wird dazu führen, dass eine gewisse Sympathie zum
Produkt aufgebaut wird und man dem Produkt näherkommt.

Tab.7 Festlegung der Ziele (eigene Darstellung)

Ökonomische Ziele	Psychologische Ziele
-Umsatz steigern	-Bekanntheitsgrad des Produkts steigern
-Gewinn erhöhen	-Kundenbindung soll aufgebaut werden
-Absatzmenge erhöhen	-Vorstellung des Produkts
-langfristige Gewinnmaximierung	-Verstärkung der Kaufabsicht
-Unternehmenswachstum	-Kundenzufriedenheit gewährleisten

Mithilfe des bevorstehenden Events sollen die zuvor festgelegten Ziele möglichst erreicht werden. Diese unterscheiden sich hierbei unter psychologischen sowie Ökonomischen Zielen (Herrmann & Marwitz, 2007). Die ökonomischen Ziele werden aufgrund der wirtschaftlichen Größen messbarer sein, als die psychologischen Ziele, die sich als Bekanntheitsgrad oder auch Image einer Marke kennzeichnen lassen.

Tab. 8 Phasenstruktur des Sponsoringprozesses (eigene Darstellung)

Schnittmengenanalyse der Zielgruppen	-Läufer auf dem Laufevent -Leistungssportler jeglichen Alters -Trainer, Unternehmer, Studenten
Konkrete Sponsoring-Einzelmaßnahmen	-Vor dem Event das Produkt den Läufern vorstellen und jedem Läufer ein Sportbeutel mit den Proben und Giveaways bereitstellen -kleine Stände jeweils entlang der Strecke aufbauen und dort den Teilnehmern sowie Zuschauern anbieten -Mitarbeiter mit angefertigten Werbeshirts laufen rum und Verteilen kleine Proben sowie Flyer -QR-Codes werden mithilfe Banner an die Stände gefestigt → durch Abscannen nimmt man automatisch an einem Gewinnspiel teil
Erfolgskontrolle	-QR-Codes abfragen und Interessenten aufnehmen -Aufrufe der Website -Social Media Abonnenten überprüfen -Umsätze sowie Resonanzen überprüfen

Vor Beginn des Events werden die konkreten Sponsoring Einzelmaßnahmen innerhalb des Teams abgesprochen und festgelegt. Mithilfe des Events soll eine möglichst nahe Kundenbindung hergestellt werden. Dies wird durch eine Vorstellung und Offenheit zum Produkt möglich sein (Bruhn 2010, S.77). Gleichzeitig soll durch das offene Auftreten und die Überzeugung zum Produkt eine Identität zur Marke aufgebaut werden, die in den Gedanken der Teilnehmer bleiben soll. Das Event eignet sich grundlegend optimal für das Werben des Produkts, denn aufgrund der benannten Zielgruppen werden diese sich zum Produkt hingezogen fühlen. Es wird deutlich, dass durch den Abgleich der Zielgruppen das Publikum und die zukünftigen Kunden optimalerweise bereits am Event sein werden (Benz, 2010, S.15).

Ein wichtiger Schritt wird es sein den Teilnehmern im Vorfeld das Produkt vorzustellen und diese über die Produktivität der Tabs aufzuklären. Dies wird in Form von Flyern passieren, der schlicht und übersichtlich gestaltet wird. Außerdem werden den Teilnehmern Proben mitgegeben, um sich mit dem Produkt geschmacklich vertraut zu machen. Letztlich erhalten die Teilnehmer Sportbeutel, die mit dem Firmenlogo bedruckt sind und gefüllt mit weiteren kleinen Proben, einer Visitenkarte und einem Flyer mit der Unternehmensphilosophie.

Entlang der Strecke werden kleine Stände aufgebaut, die den Teilnehmern und Zuschauern während des Laufs angeboten werden können, die sich in der Umgebung befinden. Dies wird den Zuschauern das Gefühl geben, dass die Teilnehmer durch diese Produkte unterstützt werden, was dazu führt, dass die Neugier zum Produkt erweckt wird. Die Stände werden mit kleinen Bannern versehen, die mit einem großen QR-Code versehen sind. Durch Abscannen des Codes gelingt es dem Zuschauer oder Teilnehmer an einem Gewinnspiel teilzunehmen. Voraussetzung hierbei ist das Hinterlegen einer E-Mail-Adresse sowie Kontaktdaten.

Während des Events sollen Mitarbeiter in bereits gefertigten T-Shirts, die mit Firmenlogo versehen sind, auf dem Event aktiv rumlaufen und Flyer verteilen. Bei großem Interesse des Kunden können Proben mitgegeben werden.

Letztlich wird eine Prognose nach dem Event evaluiert. Diese wird in Form von Kontrollen der Umsätze nach zwei Monaten des Events festgelegt. Des Weiteren werden die Social-Media-Kanäle, auf denen die „RunTab GmbH" aktiv ist nach Abonnenten überprüft. Die neuen Abonennten können mit einer Nachricht angeschrieben werden.

Mithilfe der QR-Code Aktion wird kalkuliert, wie viele an dem Gewinnspiel teilgenommen haben. Diese Teilnehmer können nach dem Event Newsletter erhalten, um für noch mehr Reichweite zu sorgen.

5. Literaturverzeichnis

Benz, B. (2010). *Optimiertes Management im Sportsponsoring. Die Auswahl des passenden Sponsorships als Instrument der Markenkommunikation.* Hamburg: Diplomica.

Bruhn, M. (2010). *Sponsoring. Systematische Planung und integrativer Einsatz* (5., vollständig überarbeitete und erweiterte Aufl.). Wiesbaden: Gabler.

Eder, M. (2013). *Der Fluch des Geldes.* Zugriff am 18.03.2022. Verfügbar unter https://www.faz.net/aktuell/sport/fussball/bundesliga/tsg-1899-hoffenheim-der-fluch-des-geldes-12100714.html

Gödecke, C. (2015). *Der Image-Wechsel.* Zugriff am 19.03.2022. Verfügbar unter https://www.spiegel.de/sport/fussball/roberto-firmino-hoffenheim-kassiert-41-millionen-euro-von-liverpool-a-1040514.html

Herrmanns, A. & Marwitz, C. (2007). *Sponsoring. Grundlagen, Wirkungen, Management, Markenführung* (3., vollständig überarbeitete Aufl.). München: Vahlen.

Lowin, Y. (2017). *Daten-Doping im Footbonaut.* Zugriff am 16.03.2022. Verfügbar unter https://www.deutschlandfunkkultur.de/digitalisierung-im-profisport-daten-doping-im-footbonaut-100.html

Meffert, H. (2000). *Marketing. Grundlagen marktorientierter Unternehmensführung: Konzepte, Instrumente, Praxisbeispiele; mit neuer Fallstudie VW Golf* (Meffert – Marketing -Edition, / Heribert Meffert ...; [Lehrbuch]. 9., überarbeitete und erweiterte Aufl.). Wiesbaden: Gabler

Riedmüller, F. (2011). *Professionelle Vermarktung von Sportvereinen. Potenziale der Rechtevermarktung optimal nutzen.* Berlin: Erich Schmidt.

Rohlmann, P. (2011). Merchandising im Sport. In G. Nufer & A. Bühler (Hrsg.), *Marketing im Sport. Grundlagen, Trends und internationale Perspektiven des modernen Sportmarketing* (2. völlig neu bearbeitete und wesentlich erweiterte Aufl., S.233-264). Berlin: Erich Schmidt

Romano, F. (2019). *The future is now – Diese Trainingseinheit werdet ihr so schnell nicht vergessen.* Zugriff am 14.03.2022. Verfügbar unter https://www.regenbogen.de/zwei/pfeffer-machts-moeglich-teamtraining-tsg-hoffenheim?r2=1

Schmeckel, M. (2016). *Das Geheimnis der TSG-Jugend: Der Hoffenheimer Weg.* Zugriff am 19.03.2022. Verfügbar unter https://www.goal.com/de/news/3643/exklusiv/2016/09/07/27251122/das-geheimnis-der-tsg-jugend-der-hoffenheimer-weg

Statista. (Januar 2022). Statista. Zugriff am 16.03.2022. Verfügbar unter https://de.statista.com/themen/194/1899-hoffenheim/

Weber, G. (2016). *Organisationsaufstellung – Grundlagen, Settings, Anwendungsfelder.* Heidelberg: Carl-Auer-Systeme Verlag und Verlagsbuchhandlung GmbH.

6. Tabellenverzeichnis